Wolfgang P. Hanke - HABEN SIE NOCH EMPFINDUNGEN ?

Wolfgang P. Hanke

Haben Sie noch

Empfindungen ?

Autor und Gestaltung: Wolfgang P. Hanke
Herstellung und Verlag:
Books on Demand, Norderstedt

ISBN: 9783837091373

Vorwort

„Haben Sie noch Empfindungen?"

Lieber Leser,

wenn ich das vorliegende Bändchen mit „Haben Sie noch Empfindungen?" überschreibe, dann ist es mir um das Auslösen von Empfindungen, also um jene Reaktionen unserer Seele, unseres eigenen Ich's zu tun, die so ganz individuell und manchmal sehr plötzlich, ganz mächtig und besitzergreifend entstehen und den ganzen Mann oder die ganze Frau einnehmen. Es gibt viele namhafte Autoren, die sich zu den Empfindungen der Menschen geäußert haben mit sehr unterschiedlichen Sichtweisen. Wir wollen aber hier nicht die Empfindungen aus zweiter Hand – also von anderen Personen oder Romanfiguren inszenieren, sondern aus dem Fundus eigenen Erlebens und Fühlens unverfälscht und ohne falschen Pathos fragen – was die Umgebung, der Alltag, die Gewalten der Natur, das Erleben von Unrecht, das Verhalten anderer Menschen und viele andere Einflüsse für Folgen und Empfindungen b e i u n s auslösen können. Und aus den Empfindungen wachsen Gefühlsströme, Reaktionen und Erkenntnisse, die unser weiteres Leben begleiten, wie im Archiv gespeichert und gleichsam jederzeit wieder präsent sind, als hätten wir gerade erst das auslösende Ereignis durchlebt. Man spricht heute von Reflexionen – wichtig sind dabei vor allem die Konsequenzen für unsere Persönlichkeit, unser eigenes Ich, unsere Seele. Ein

Mensch, der z.B. Kriegswirkungen ausgesetzt war, ist anders „geprägt" – im wahrsten Sinne des Wortes – als ein unbelastet von solchen Erlebnissen lebender. Aber so extrem müssen wir gar nicht denken – es gibt eine Vielzahl Einflussfaktoren, die Empfindungen in uns Menschen hervorrufen und die gravierende Auswirkungen haben. Dies sich bewusst zu machen, ist eine der Zielstellungen, die dieses Bändchen hat. Es gilt aber auch, sich darüber klar zu werden, dass die Empfindungen oftmals in entsprechenden Folgen, also Reaktionen münden. Dies können sofortige, spontane Taten sein.

Der Zeitgeist erschafft jedoch heute viele Menschen, die sich selbst gegenüber keine Empfindungen mehr artikulieren können. Wer nur noch Primitivausdrücke kennt oder die Sprache der nichtssagenden, oberflächlichen „Cool-lies" aus Comic-Heftchen oder -Filmen, hat nicht gelernt, in sein Inneres zu lauschen oder gar mit sich Zwiegespräch zu halten – um auf diesem Wege mehr über sich zu erfahren!

Wer keine Empfindungen mehr hat, ist tot. Wer nur noch vage Empfindungen hat, die er nicht mehr scharf umreissen kann und keine Forderungen mehr an den „inneren Menschen" stellen: „Was war das jetzt? Was ist in mir wach geworden? Setze dich damit auseinander! War es dir hilfreich? Woran liegt es, dass mich das bewegt? Beziehe Stellung zu dem neu Entdeckten!" – der ist nicht mehr weit vom „inneren" oder geistigen Tod entfernt. Damit ist nicht der Hirntod oder andere medizinische Definitionen des Hinscheidens eines Menschen gemeint, sondern sein eigenes Aufgeben, sich bewusst und aktiv mit seiner Umgebung, mit den Einflüssen und Problemen verschiedenster Art sowie insbesondere sich mit sich selbst auseinander zu setzen. Letzteres ist jedoch ein ganz wichtiger Bestandteil des Lebens, der dahin führen sollte, kritisch und ehrlich an sich selbst zu arbeiten. Es gibt allerdings auch Menschen, die sagen „Ich bin offen gegenüber allem". Wenn dies die Geisteshaltung ausdrückt: „Ich nehme alles ohne weiteres an, ohne zu fragen, woher es kommt und was es bewirkt", so erscheint mir dies sehr bedenklich. Ein gefährliches Motto, denn man sollte dies doch erst einmal prüfen, bevor man so manches

Gedankengut in sich – in seinen inneren Menschen (im Sinne von diesem Heimstatt geben) – hineinläßt, bzw. sich zu eigen macht. So geht es heute vielen jungen Menschen, die nach Identifikationsmöglichkeiten suchen und die nicht wissen, was sie an Meinungen, an Ideen und Werten in sich aufnehmen und als Eigentum bewahren sollen. Sie lehnen die Anerkennung vieler gesellschaftlicher, ethischer und moralischer Werte ab, sind innerlich unausgefüllt und suchen nach Ersatz, die diese Leere füllen kann. Manche einfachen und doch wichtigen Erfahrungen werden heute schnell als „banal" abgelehnt und so gesellschaftlich abgewertet. Wir Menschen sind alle aufgefordert, nach den wirklich guten Werten zu suchen und diese zu verinnerlichen. Dann haben wir auch gute Empfindungen und entsprechendes Handeln.

Es sei jedem gewünscht, dass er sich selbst kritisch die Frage stellen kann: "Welche Empfindungen habe ich in dieser oder jener Situation und was bedeutet das für mich? Bin ich schon ganz abgestumpft, oder berühren mich noch viele Dinge, vielleicht auch die Gefühle anderer Menschen? Was fehlt mir noch an einem erfüllten – das heißt vor allen einem empfindungsreichen, bewußten, positiven, nicht nur für sich gelebten – Leben?." Für mich gesprochen, kann ich sagen, dass ich in meinem christlichen Empfinden dieses Leben gefunden habe.

Testen Sie sich selbst...empfinden **Sie** etwas?

Wolfgang P. Hanke

Inhalt   Seite

Bohrende Fragen

Wer bist denn d u ?
J a, d i c h mein' ich –
'will wissen, wer hier ist um mich.

Nimm doch die dunkle Brille ab –
lass in die Augen schauen mich,
dass ich erkennen kann dein „Ich".

Wo kommst du her?
Wo gehst du hin?
Wo siehst du deines Lebens Sinn?

Sag Menschenkind,
baust deine Hoffnung du auf Sand?
W o hast d u ein Heimatland?

Was liebst du denn?
Was macht dir Schmerz?
Ist dir das Leben nur ein Scherz?

Wer ist dein Freund –
und wer dein Feind?
Hast du dies immer schon gemeint?

Lebst m i t andern Menschen du,
oder lebst nur d u in dir?
Was bringt d e i n Tun für Frucht herfür?

So bleib nicht stumm.
Gib Antwort jetzt!
D e i n Nutzen ist es doch zuletzt.

Denn nur wer kennt
sein' Ziel, sein' Lauf,
der wird es meistern – Hand darauf!

Ein Kind

Ein Kind kommt nackt auf diese Welt,
und alles was es für sich braucht
durch Eltern
es erhält.

Es wird geschützt, umsorgt, gepflegt,
bewahrt vor dem eignen Ich.
Es nimmt ganz selbstverständlich nur
das Beste stets für sich.

Die Eltern pflanzen Gutes ein,
und hoffen auf viel Frucht.
Die Ernte fährt das Kind selbst ein –
ob Segen oder Fluch.

Das Kind wird groß – es fühlt sich klug:
„Was woll'n denn diese Alten nur –
ich bin mir selbst genug.
Mein Wille ist's, der zählt!"

Erst wenn das Kind erwachsen nun
– doch manches wird es nie –
dann merkt es, was der Eltern Tun
an ihm für ein Geschenk.

Oft sind die Eltern dann schon tot.
Die Zeit – sie ist vertan,
wo noch ein Dank das Ohr erreicht,
ein Blick das Herz erwärmen kann.

Ach Kind, sei klug und schreib
doch tief ins Herz
das viert' Gebot –
du sparst dir selbst viel Schmerz!

Bist d u gewachsen, Kind?

Kleines Frühlingslied

Ein Wunder ist geschehen,
die Welt verwandelt sich.
Die warme Frühlingssonne
weckt die Natur – und mich.

Es brechen aus den Ästen
die Blättlein zart hervor.
Und immer wieder staunend –
so stehe ich davor.

Die Wiese macht sich üppig,
es grünet alles satt.
Da zeigt die kleine Wiese,
was sie so alles hat:

Die vielen bunten Blumen,
die Kräuter und das Gras
und auch die vielen Käfer.
Mir macht der Frühling Spaß.

Der Wald

Schon zu alter Zeit wurde er viel beschrieben und besungen –
war er ein wichtiger Teil der Heimat, der Natur – des Lebens. Ich
erinnere mich an so manches Märchenbuch, was uns Kindern
den Wald nahe brachte. Oft war es in den Geschichten ein ge-
heimnisvoller, oft ein gefährlicher Ort – oft aber auch spürte man,
dass den Schreiber der Erzählungen viel Freude, viel schönes
Erleben mit diesem so wichtigen Bestandteil unserer Landschaft
verband.
Für mich war es in meiner Kinder- und Jugendzeit ganz normal,
in den Sommermonaten mit meinem Vater am Wochenende in
den Wald zu gehen und nach Pilzen und Beeren zu suchen. Mit
einer einfachen Wegzehrung – meist bestehend aus ein paar
belegten Brotscheiben – war man versorgt und an einer frischen,
klaren Waldquelle konnte man seinen Durst stillen. Es wäre
keinem eingefallen, damit unzufrieden zu sein.
Wir liefen auch nicht – wie so mancher Mensch heute – lärmend
durch den Wald, rissen keine Äste ab oder taten sonst dem Wald
und seinen Bewohnern Schaden. Es wäre uns auch nie in den
Sinn gekommen, einen Ameisenhaufen zu zerstören oder unsere
Abfälle im Walde liegen zu lassen. Wir lauschten auf des Waldes
Rauschen, das Singen der Vögel und die vielen anderen Geräu-
sche und erfreuten uns an der Schönheit der Natur.
So entstand mein Empfinden des Waldes – und ich höre noch
heute die etwas rauhen, aber doch so liebevollen Erklärungen
meines Vaters zu den vielen Dingen, die es zu sehen gab und
von denen ich nichts wusste. Heute bin ich mir dessen bewusst,
dass man solchen Unterricht auf keiner Schule erhalten kann –
dabei ist er so wichtig, ja er ist einfach unersetzlich.
Für wen ist er wohl gemacht, dieser ruhige, kühle – die Seele er-
frischende – sanft rauschende Wald?
Sind es seine eigenen Geschöpfe, die Bäume, die Sträucher, die
Gräser und Farne, das Moos und die Flechten? Wohl sind sie al-
le aus dem Schoß des Waldes geboren und in seinem Schutz

behütet. Sie stehen zusammen, sie ergänzen, ja sie brauchen sich – so wie die Menschen, die, wenn sie zusammenstehen, stark sind. Dem einzeln Stehenden dagegen fällt sein Existenzkampf besonders schwer.

Doch der Wald ist nicht nur für sich selbst da – er ernährt doch so viele Tiere! Ist er also vor allem für die Tiere da? – Sie wollten sicherlich auf seinen Schutz nicht verzichten, auf seine Nahrung und all seine vielfältigen Gaben. Wo nähme zum Beispiel der Vogel das Material für den Nestbau, wo das scheue Reh seine Ruheplätze her? Doch ist das schon der ganze Zweck des Waldes – ist da nicht noch viel mehr Sinn verborgen?

Bei der Betrachtung der Gegenden, wo der Wald gestorben ist – da, wo nur noch dürre Baumgerippe einzeln auf leblosem Boden stehen oder wo man den Wald abgeholzt hat und nur noch nackter Fels oder Wüste sich dem Auge zeigt – da wird uns ganz klar, was hier fehlt: die kühle, erfrischende Luft und das lebensspendende Wasser. Es ist nichts mehr da, was den Ort angenehm macht – und fehlt nicht noch etwas? – Der Frieden des Waldes – das Gefühl des Menschen, die Nähe des Schöpfers zu spüren in dem wunderbaren Regelwerk des Waldes, der Vollkommenheit dieses Lebensraumes, dieser phantastischen Vielfalt von Pflanzen und Tieren? Dies kann nur der Mensch empfinden – wenn er sich dafür den Sinn bewahrt hat. Und ich wünsche Dir, dass Du es auch empfinden kannst – denn der Wald ist vor allem für den Menschen gemacht!

Ein Wunder

Es ist schon ein paar Tage her –
als du mir strahlend entgegen gelaufen,
da gab's in mir keine Mauer mehr –
dein Lachen rannte mich über den Haufen.

Die Liebe wurde groß und neu –
eine andere Welt entstand.
Lass diese in uns hüten treu –
dies' Wunder aus Gottes Hand.

Und wer das Wunder wohl bewacht,
nur   d e r   erkennt es auch:
die Liebe ist eine Himmelsmacht,
sie wird auch nicht alt durch Gebrauch.

Sie wird nur tiefer und
schöner noch. Sie bleibt – gescheit
bewahrt – stets gesund.
Und hält bis in Ewigkeit!

Meine Freude

Ich freue mich an euch –
ihr wertvollen Menschen,

die ihr nicht das Geld anbetet
und nicht nur auf das Äußere seht,

die ihr nicht nach Ruhm und Orden strebt
und euch nicht vor den anderen groß tut,

die ihr nicht Speichel leckt
und nicht den Armen verachtet,

die ihr aber das Leben schätzt
und auch mit den Tieren empfindet,

die ihr nicht um des Profits willen
alle Skrupel und alle Moral vergesst,

die ihr nicht das Recht beugt
und den Mächtigen nachlauft,

die ihr euch aber müht, selbst recht zu tun
und andern zu vergeben,

die ihr meist im Abseits der Gesellschaft steht,
aber auch nicht von deren Treiben beschmutzt seid,

die ihr Gott nicht so sehr auf der Zunge,
aber tief im Herzen tragt,

die ihr Liebe anderen gebt
mit tätigen, warmen Händen,

die ihr große, offene Herzen tragt
und keine Steine unter Panzerplatten versteckt,

die ihr nicht anderen eure Meinung aufzwingen wollt
und die Gewalt verabscheut,

die ihr die Schöpfung achtet
und euch über Kleines freut,

die ihr über eure Beschwernis lächelt
und Leid anderer mit tragen könnt,

die ihr eure Zeit für Gutes nutzt
und diese nicht nur vertreibt

mit „chat" und „joke" und „fun"
und dem Zeitgeist dient,

ich freue mich an euch
und **ich will** zu dieser Zeit,

wo alle Werte verloren scheinen –
so sein wie ihr!

Spaziergang

Durch die Wiesen und die Wälder
unserer Heimat ich gern schreit',
schau über wogende Ährenfelder
und der Blick wird klar und weit.

Da zieh'n gewaltige Wolken auf,
die künden stolz mit weißer Pracht:
„Wir nehmen frei stets unsern Lauf –
du Menschlein hast hier keine Macht".

Auch dunkle Wolken kommen schnell,
sie drücken nieder unsern Mut.
Am Horizont scheint's wieder hell –
wird doch nun alles wieder gut?

Doch leider ist's oft so auf Erden,
dass dunkel wird unser Gefühl.
Mein Gott, lass wieder hell es werden,
dass ich erreiche wohl mein Ziel.

Und ist der weite Himmel Dein
mir wieder freundlich blau,
so kann ich voller Freude sein,
weil ich ins Morgen schau.

Sonnenaufgang über dem Meer

Die Wellen stürzen an den Strand –
sie schlagen hart auf weichen Sand.

Es ruht noch dunkel-schwer die Nacht
auf Meer und Ufer – da wird sacht

ein leichter Nebel sichtbar dort
am Horizont, am fernen Ort.

Grau-rosa schwebt er verloren im Dunkel –
über der Wellen sanftem Gefunkel.

Da formt sich im Nebel ein helles Oval –
jetzt sieht man plötzlich zum ersten Mal ...

wie ein kleines aufleuchtendes Streichholz-Licht
das Sonnengestirn! ... wie der Tag anbricht!

Nun geht es alles so eilend geschwind,
dass du's halten willst – du törichtes Kind –

doch hältst du nichts auf,
die Sonne nicht, noch den Tageslauf!

Jetzt ist's grad' wie ein roter Lampion,
der nun entrinnt den Wassern schon –

der eilend steigt weiter, dem Himmel zu –
eine güldene Münze wird daraus im Nu.

Und kaum hat man sich noch verseh'n,
ist die Sonne schon groß und hell zu sehn –

ein weiß glühender Ball hoch zum Himmel drängt –
zur Herrschaft des Tages am Firmament!

Unsere Zeit

Wir sehen oft in unserm Leben
uns treiben ohne sich'ren Halt
und merken gar nicht, dass grad' eben
der Herr uns führt mit Allgewalt.

Gott lässt uns manche Wege finden,
die niemals selber wir erdacht –
lässt uns so manche Kränze binden,
die Er allein für uns gemacht.

Wie tief betrübt sind wir doch oft
aus Schmerz und Wehmut oder Gram –
wenn jemand, auf den wir gehofft,
uns allen unsern Frieden nahm.

So manche Wolken zieh'n an unserm Himmel,
arg dunkel meist und manche hell,
es ist ein eilendes Gewimmel –
so fliegt die Zeit, der flüchtige Gesell.

Doch einmal ziehen keine dunklen Wolken mehr,
ganz plötzlich mildes Licht vom Himmel quillt!
Dann ist im Nu um uns ein warmes Meer –
das ist die Liebe Gottes, die uns ganz umhüllt.

Liebeslied an die 80-jährige Mutter

Mutter – ein Wort, ein Gefühl, eine Macht –
voll Heimat, voll Wärme und Liebe.
Gegeben von Gott in die Weltennacht –
ein Zeichen der edelsten Triebe.

Wie oft hast ganz sacht du mich berührt,
gestreichelt den Kopf und die Wangen,
ich hab's durch die rauhen Hände gespürt,
mir galt all dein Mühen und Bangen.

Oft sah'n deine blauen Augen mich an,
voll inniger Wärme – ein strahlender Blick.
Wie gern erinnere ich mich daran;
es bleibt wie ein Schatz mir zurück.

Viele Jahre gingst du durch Tiefen und Höh'n,
doch dein Wesen hast du behalten.
Und ich find' dein Gesicht noch immer so schön –
trotz all der vielen Falten.

Mutter – du bist es, die Gott mir geschenkt
zum Werden und Wachsen, zum Schutz und zur Kraft!
Er hat die Bahn meines Lebens gelenkt –
du hast all' die Mühen geschafft.

Kein anderes Aug' auf dieser Welt
wird mir wieder lächeln so leicht.
Und wenn auch ein Mädchen mir noch so gefällt –
d e i n e Schönheit bleibt unerreicht.

Die Liebe

Es gibt ein Wort, das wiegt schwerer als and`re.
Und doch ein Begriff, den man oft mißversteht.
Dabei ist er Ausgangspunkt für alles Leben –
der Grund dafür, dass die Erde besteht.

Es ist das Wesen des Schöpfers und Herren,
der daraus geheimnisvoll Leben erweckt,
so wie aus der Kraft die Materie hervorkam,
was alles doch nur einen Sinn bezweckt.

"Ein Bild, das Uns gleich sei", das wollte Er schaffen –
und immer noch arbeitet Gott daraufhin.
Was will Er wohl sehen in diesem Bilde, wenn nicht
Sein Wesen! Ja, Ihm zur Freude und uns zum Gewinn!

Die Liebe ist es, das Wort, das ich meine.
Das mehr ist als alles natürliche Gut.
Das göttliche Wesen, die Großmacht auf Erden,
der Grund für das Opfer des Heilandes Blut.

So wie aus dem Samen in dunkeler Erde
das Kräutlein erwächst, daraus er genommen –
so ist´s dem Menschen gegeben, den Samen der Liebe
wachsen zu lassen und zur Frucht zu kommen.

Wenn das Gebot heißt: den Vater zu lieben
und – wie sich selbst auch den Nächsten –
und die Kleinsten zu tragen und die Kranken zu pflegen –
wie könnt´s anders sein bei der Liebe des Höchsten!

Und find´st du ein Herz, dem du Liebe schenkst
und es gibt dir auch Liebe zurück,
so spürst du auf Erden den Vorschmack schon
vom göttlichen, ewigen Liebesglück.

Wo eingebettet in Seine Vaterliebe und
mit dem Frieden des Heilands umhüllt,
im Kreise derer, die mit uns und vor uns gewesen
sich auch die letzte Sehnsucht erfüllt.

Drum laß wirken die Liebe in deinem Herzen
und dämpfe sie nicht, gibt es auch manchmal Hohn.
Dein „innerer Mensch" wird dadurch wachsen und –
am Ende ererbst du den edelsten Lohn.

Frühlingsempfinden

Die Welt liegt frei im hellen Licht,
es freut sich still mein Herz.
Die Menschen öffnen ihr Gesicht
es schwindet alter Schmerz.

Das Leben wird erneut befreit
von Kälte und von Leid.
Ich fühle neu Lebendigkeit –
jetzt ist die Liebeszeit.

Wie lächelt heut' der Sonnenschein
so lieblich übers Land.
Verweile doch, bleib' immer mein –
ach gib mir deine Hand!

Verspür' ich dich, dann ist um mich
die Welt so still und klein.
Ich spür' im Herzen Gott – und dich,
mein liebstes Mädchen fein.

Dies Wunder hat kein Mensch vollbracht
nur Gottes Gnad' allein,
dass Licht es wird nach aller Nacht –
bald wird's für immer sein!

Kinderglück

Es blinzelt aus der Wiege froh
ein Baby in die Welt.
Sieht nicht die Welt, die arg und roh,
sieht nur ins Himmelszelt.

Es sieht die Mutteraugen hell
die liebevoll es kosen.
Drum ist's ein fröhlicher Gesell –
sind auch mal voll die Hosen.

Und grimmt der Bauch,
weil's Hunger hat –
die Mutter hat die Mittel auch,
dass es alsbald wird satt.

Drum acht' die Mutter nie zu klein.
Lieb' lässt sie für dich sorgen.
Und jedes Kindlein freut's – allein,
dass es sich fühlt – geborgen.

Mensch und Zeitgeist

Wir Menschen sind so oft betrübt,
sei es, weil man uns nicht liebt –
sei es, weil man uns belogen
oder um so viel betrogen.

Immer wieder spüren wir –
und das geht so dir und mir –
dass die Bosheit siegt auf Erden
und die Menschen schlechter werden.

Ob ein hoher Herr im Staate,
ob ein Mann im Magistrate,
ob ein Mensch im Richteramt
oder ein Treuhandbeamt' –

viele streben nach der Macht
und reich zu werden über Nacht.
Auf den andern ihre Kosten
nutzt man seinen guten Posten.

Kommt mal etwas raus – fatal –
dann war 's ja nur dies eine mal!
Und überhaupt – nur ein Versehen.
Das kann man sicherlich verstehen.

Nur manchmal geht es dann ganz schnell,
und dann schwimmt es weg, das Fell.
Doch keine Angst, wer gehen muss,
kriegt noch 'ne Abfindung zum Schluss!

Nun wird die Stelle neu vakant,
und richtig hat man gleich erkannt:
Es muss ein neuer Mann jetzt sein,
mit „Persönlichkeit" – viel „Schein".

Unmöglich wäre: „ganz bescheiden".
So was kann man gar nicht leiden.
Der Gesuchte habe „Biss".
Etwas mehr? – kein Hindernis!

Das ist unser Geist der Zeit,
der die Menschen sich bereit':
sagt jedem der sich formen lässt:
„Euer Gewissen schnell vergesst!

- mit solchen altmodischen Sachen
könnt ihr heut' nicht Karriere machen!
Das ist doch schließlich ganz egal –
Hauptsache Geld! – Du hast die Wahl!"

Aber auch in dich und mich
will der Zeitgeist drängen sich.
So mancher Mensch meint heut' im Nu:
„Dies steht **mir** natürlich zu!"

Und so freut's fast jedermann,
wenn er den andern pressen kann.
Die Lieb' zum Nächsten ist gar weit
Drum trägt die Welt auch so viel Leid.

Ach ihr Menschelein – bedenkt,
dass doch am Ende Gott es lenkt.
Er ist noch stets das A und O!
Drum handelt klug, dass **ihr** bleibt froh.

Das Leben

Wir wachsen langsam in das Leben,
doch merken dann im Augenblick –
die Kindheit ist dahin gegeben –
wir können nie zu ihr zurück.

Wir steh'n nun selbst an jenem Ort,
wo einst die Eltern war'n beschwert
und merken jetzt – da sie sind fort –
erst ihre Last – und ihren Wert.

Du hast genommen aus der Eltern Liebe,
hast deine Wurzeln tief gegraben.
Nun ist`s an dir – lass wachsen neue Triebe,
und diese sollen gute Früchte haben.

Wer nicht erkennt, wozu er hier auf Erden,
der wird nur unnütz tun mit seiner Zeit
und sagen: "Wozu sich den Spaß verderben,
mit Verantwortung sowie Ernsthaftigkeit?"

Es wird sich aber doch einmal beweisen:
es bleibt das Gute, was oft unter Last getan.
Der Gott, der dieses hat verheißen –
Er lebt noch immer – glaub's, es ist kein Wahn!

Drum suche stets, den rechten Weg zu finden
in deinem Leben – sei's auch manchmal schwer.
Es nutzt uns nichts, zu tappen wie die Blinden –
wir müssen suchen – nichts ist wertvoller!

Bitte den Herrn – im Sinn gerade –
d e n König, der die Welt gemacht!
Er wird dir zeigen rechte Pfade –
und schließlich alle Seine Pracht!

Ein paar Fragen

Hast Du gesehen die Sonne,
                das Licht?

Hast Du gespürt Ihre Wärme?

Hast Du erfühlt einen Schmerz,
                ein Gedicht?

Hast Du gelernt aus dem Kleinen?

Hast Du erkannt, was Liebe ist

und was der andere meint?

Hast Du getan, was wichtig war?

Hast Du über Unrecht geweint?

Hast Du gekämpft um Friede, um Ruh

bei Dir – in Deiner kleinen Welt?

Sag mir, mein Freund – hast Du?

Sag es mir möglichst bald....

Ich allein und die Stille

Umhüllt vom Krankenhaus-Geruch,
so lieg' ich hier in meinem Bett –
noch in der linken Hand ein Buch
jedoch im Geiste ganz weit weg.

Sind es denn Tage, Wochen, ... Jahre,
die ich schon lieg' an diesem Ort ?
Komm ich nur raus auf einer Bahre?
Ich wünschte mich ja so weit fort!

Der Arzt macht keine Hoffnung mir,
die Schwester schaut nur weg.
Den Gnadenschuss kriegt nur ein Tier –
ich geh' den schweren Weg.

All' meine Lieben sind oft hier,
sie wollen helfen gern.
Doch meist bin ich allein mit mir –
die Hilfe scheint mir fern.

Was alles war und mich erfreut',
das geht mir durch den Sinn,
das Schlechte ist vergessen heut' –
dies ist mir ein Gewinn.

Die Welt wird immer kleiner mir,
so vieles unnütz jetzt erscheint –
was wichtig oder wertvoll hier
und was man noch gemeint.

Es wird ganz still in meiner Brust –
ich höre nur mein Herz.
Was bleibt denn von der ganzen Lust
und von dem vielen Schmerz?

Zwar dringt noch Lärm mir an mein Ohr –
doch grad', als wär's ganz weit entfernt.
Von allem drängt nur das hervor,
was ich als Kind gelernt:

Mein Gott ist gut –
Er lässt mich nicht im Stich.
Und wenn ich weiter falle noch ...
so zieht Er mich zu Sich.

Mein Kind

In weißer Wiege liegt mein Kind
vor mir – welch zartes Gut.
Ich streichle seine Wangen lind,
es ist mein Fleisch und Blut!

Es ist noch klein und doch –
so ganz besonders fein.
Mein Kind ist ohne Falschheit noch,
ganz unverbraucht und rein.

Still liegt mein Kind in meinem Arm
und lächelt in die Welt.
Mein müdes Herz wird weich und warm
und freudig unverstellt.

Des Kindes Liebe unbeschwert –
die schenkt Empfinden mir zurück!
Die Seele spürt den großen Wert
und fühlt ein tiefes Glück.

Lasst uns doch alle Kinder sein,
dass Gott uns so erfind't,
wenn Er uns ruft: „Komm heim,
mein Kind!"

Zum Muttertag

Liebe Mama – schau mich an,
hier bin ich – dein Sohnemann!
Ich möchte heut' zum Muttertag
dir sagen, dass ich dich sehr mag,

Als Geschenk, da bring' ich dir
dieses kleine Sträusschen hier.
Ich bin froh, dass es dich gibt
– die mich ganz besonders liebt!

Ich bin meistens nicht ganz brav –
ausser vielleicht, wenn ich schlaf'.
Sei nicht bös' – ich bin noch klein,
sag mir, wie's soll richtig sein.

Liebe Mama – hab Geduld –
ich bin nicht an allem schuld.
Doch ich will mir Mühe geben:
Besser hören auf dein Reden.

Meistens muss ich dringend spielen;
doch hab' ich Zeit – lass mich dich fühlen!
Drück mich einfach – dann spür' ich:
Meine Mama, die liebt mich!

Ich weiss auch, dass du vieles machst,
und über mich besonders wachst,
damit mir nichts passieren soll –
super Mama, du bist „cool" !

Liebesmacht – Liebe macht

Gott liebte –
und es wurde alles.

Gott wird lieben
und es wird alles wunderbar.

Wichtig für dich aber ist,
dass Gott auch heute liebt!

Mach doch auch **dein** Herze weit –
und liebe Ihn zurück!

Dann wird auch in dieser Zeit
in dir alles zu deinem Glück.

Leben

Mir ist Leben
hier gegeben.

Oft im Leben
geht's daneben.

Mich aufgeben –
ist kein Leben.

Muss ich leben
grad' mal eben?

Soll ich so leben,
mich ver-leben?

Ziel des Lebens? –
Sucht' ich vergebens....

Doch gerade eben
fiel in mein Leben:

Liebe! – S o leben
will ich erstreben.

Jetzt darf ich leben –
will mich erheben

und es recht leben
– dies' fantastische Leben!